Charikleia and I dedicate this book to each othe
but like the cousins in the story, we live in diffe

Copyright © 2020 Elisavet Arkolaki, Charikleia Arkolaki

Translated into Portuguese by Tiago Gomes

All rights reserved.

For permission requests and supplementary teaching material, please write to the publisher at liza@maltamum.com www.maltamum.com

ISBN 9798710442494

My cousin and I look alike. My aunt and uncle say we look like siblings. My mommy and daddy say we look like siblings. My grandma and grandpa, the whole family, even our friends, say we look like siblings. More like twin sisters actually, like our mothers did when they were children.

A minha prima e eu somos parecidas. A minha tia e o meu tio dizem que parecemos irmãs. A minha mamã e o meu papá dizem que parecemos irmãs. A minha avó e o meu avô, toda a família, até os nossos amigos, dizem que parecemos irmãs. Mais como irmãs gémeas na realidade, tal como as nossas mães pareciam ser quando eram crianças.

When we were little, we lived next door to each other. To see her, all I had to do was cross the tall grass in front of our house, open the gate and enter her garden. We met every day and played all sorts of games.
She was my neighbor and best friend. But then she moved.

Quando éramos pequenas, vivíamos uma ao lado da outra. Tudo o que tinha de fazer era atravessar a erva alta defronte da nossa casa, abrir o portão, e entrar no seu jardim. Estávamos juntas todos os dias e jogávamos todo o tipo de jogos. Ela era a minha vizinha e a minha melhor amiga. Mas um dia, ela mudou de casa.

Now she lives in a faraway land, and I miss her so much. Mommy said to try and find something positive no matter the circumstances. There's always something to be grateful for. And so I did. My cousin and I are very lucky. Despite the distance between us, we can still talk, play, and see each other often via video chat. We talk about everything!

Agora ela vive num país distante, e sinto muito a sua falta. A mamã disse para tentar encontrar sempre algo de positivo, sejam quais forem as circunstâncias. Há sempre algo pelo qual nos devemos sentir gratos. E assim o fiz. A minha prima e eu temos muita sorte. Apesar da distância entre nós, ainda podemos falar, brincar e ver-nos com frequência através das chamadas de vídeo. Falamos sobre tudo!

The last time we met online, she told me that it's winter and very cold there. Everything is covered in snow. She snowboards, skis, and goes ice skating with her new friends.

Da última vez que nos encontrámos online, ela disse-me que lá, onde vive, é inverno e que está muito frio. Está tudo coberto de neve. Ela faz snowboard, anda de esquis e pratica patinagem no gelo com as suas novas amigas.

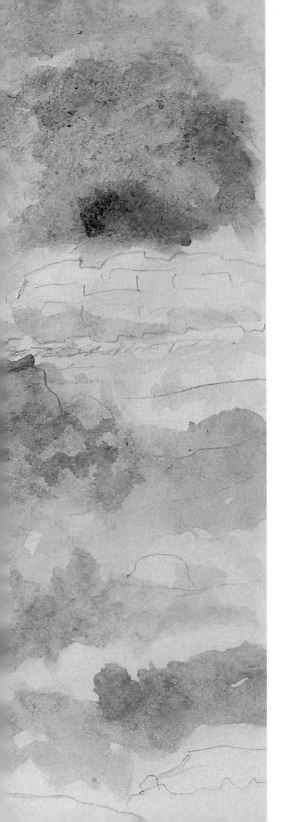

I told her that it's summer
and very hot here.

Eu disse-lhe que é verão e que
está muito quente aqui.

I swim and snorkel every day with our old friends, and we watch the most beautiful fish underwater.

Eu nado e mergulho todos os dias com as nossas antigas amigas, e vemos os mais belos peixes debaixo de água.

Then, we spoke about animals. She said mammals with fur white as snow live in the northern part of her country: polar bears, arctic foxes, seals.

Depois, falámos sobre animais. Ela disse que vivem mamíferos com pelo branco como neve na parte norte do seu país: ursos polares, raposas do ártico e focas.

I had hoped she would also talk about monkeys, but it turns out they don't live there at all!

Tinha esperança que ela também fosse falar sobre macacos, mas afinal estes não vivem lá, de todo!

She also asked about her pet which stayed behind with me. I answered that her cat is in very good hands and gets lots of cuddles and kisses.

Ela também perguntou sobre o seu animal de estimação, que ficou aqui comigo. Respondi que o seu gato está em muito boas mãos e que recebe muitos mimos e beijos.

And I still go to the park on Sundays,
and feed the ducks we both love
so much.

E eu ainda vou ao parque aos
domingos, e alimento os patos que
ambas adoramos tanto.

Then, my cousin used some foreign words, and in an accent, I didn't recognize. I felt confused. She said she couldn't remember how to say "mountain", "rocks", and "river", and that she now talks more in her father's language.

Depois, a minha prima utilizou algumas palavras estrangeiras, e com um sotaque, que eu não re-conheci. Senti-me confusa. Ela disse que não se conseguia lembrar de como se diz " montanha", "rocha" e "rio", e que agora fala mais na língua do seu pai.

She explained that sometimes it's hard for her to find the right words in our language. I told her I understand. I'm also learning another language at school, and it should be fun to compare words from our different languages.

Ela explicou que às vezes é-lhe difícil encontrar as palavras certas na nossa língua. Eu disse-lhe que compreendo. Eu também estou a aprender outra língua na escola, e devia ser divertido comparar as palavras das nossas diferentes línguas.

That is how we came up with the "Word Swap" painting game. My cousin painted a cactus, and then both of us said the word out loud. "Cactus" sounds the same in all our languages!

Foi assim que inventámos o jogo de pinturas "Troca-palavras". A minha prima pintou um cato, e depois ambas dissemos a palavra em voz alta. "Cato" soa parecido em todas as nossas línguas!

Her parents overheard us and joined the conversation. My aunt is a linguist and she told us that there are currently over 7,000 known spoken languages around the world! My uncle is a language teacher and he challenged us to swap a couple more words. We kept on going for a while with words like "flower", "water", "love", and "friendship".

Os seus pais ouviram-nos e juntaram-se à conversa. A minha tia é uma linguista e disse-nos que há atualmente mais de 7000 línguas faladas conhecidas em todo o mundo! O meu tio é um professor de línguas e desafiou-nos para trocarmos mais algumas palavras. Continuámos durante mais algum tempo com palavras como "flor", "água", "amor" e "amizade".

Next time we video chat, I will share this painting I made for her. I would like to swap the word "home".

Da próxima vez que fizermos uma chamada de vídeo, irei partilhar esta pintura que fiz para ela. Gostaria de trocar a palavra "casa".

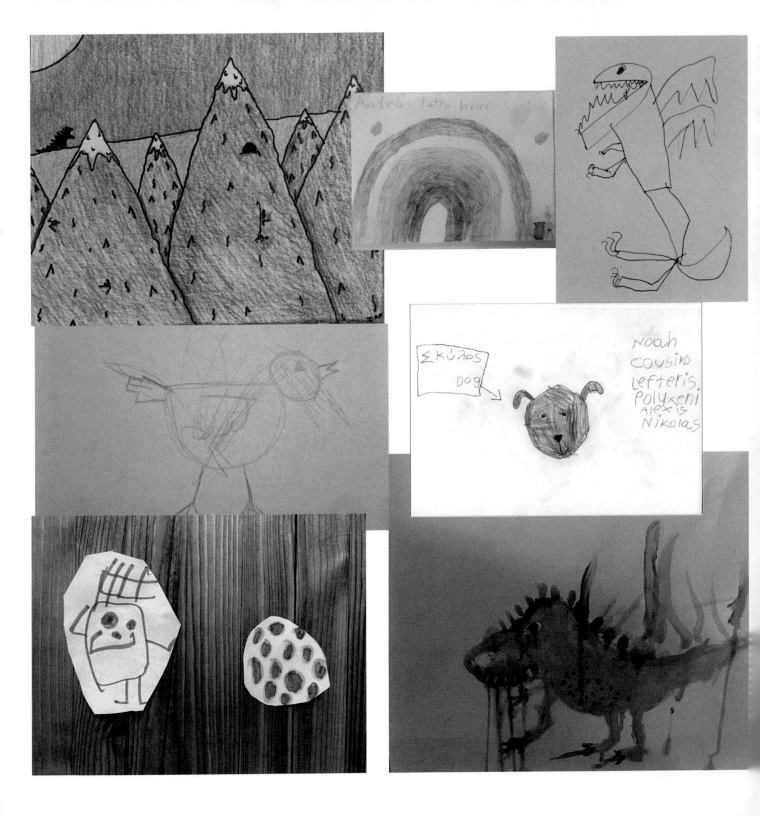

The Word Swap Game - Meet the children!

Erik, Nelly, Iason, Iria, Sadiq, Tariq, Vincent, Rukeiya, Lea, Hector, Victor, Orestis, Odysseas, Noah, Polyxeni, Lefteris, Alexis, Nikolas, Iahn, Chloe, Ioli, Rea, Nicolas, Sveva, Giuseppe, Zafiris, Dimitris, Periklis, Vaggelis, Andrea, Zaira, Philippos, Nefeli, Baby, George, Emmanuela, Mason, Ethan, Elijah, Oliver, Athina, Apolonas, Alexandros, John, Martina, Steffy, Thanos, Nikolai, Areti, Nikolai, Nina, Nicol, Joni, Mia, Emma, Stella, Artemis, Mirto, Antonis, Nicolas, Mihalis, Katerina, Nikos, Alexis, Liam, Olivia, Noah, William, Ava, Jacob, Isabella, Patricia, Hannah, Matthew, Ashley, Samantha, Maureen, Leanne, Kimberly, David, Marie, Vasilis, Yiannis, Kyra, Joakim, Alexander, Nikolas, Ellie, Sebastian, Sophie, Sabina, Stepan, Vasilis, Yiannis, Kyra, Youjin, Sejin, Okito, Magdalini, Nicoletta, Efimia, Didi, Bia, Timo, Vittoria.

Unicorn - Ioli
Μονόκερος - Ιόλη

Ioli - Unicorn
Ιόλη - Μονόκερος

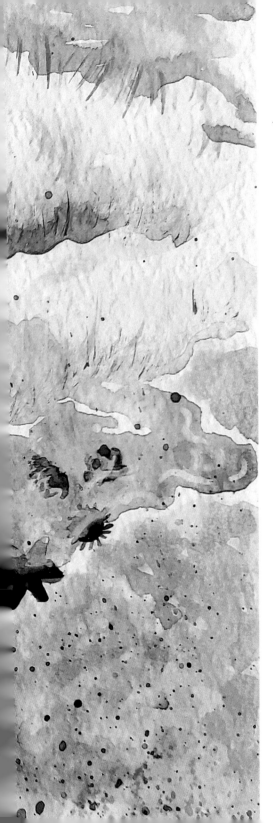

Dear Child,

I hope you enjoyed this story. If you'd also like to play the "Word Swap" game, ask an adult to help you, if needed, to write down your favorite word, and then draw or paint it. Your guardian can send me your painting via email at liza@maltamum.com, and I'll share it with other parents and children in my Facebook group "Elisavet Arkolaki's Behind The Book Club".

Dear Grown-up,

If you feel this book adds value to children's lives, please leave an honest review on Amazon or Goodreads. A shout-out on social media and a tag #CousinsForeverWordSwap would also be nothing short of amazing. Your review will help others discover the book, and encourage me to keep on writing. Visit eepurl.com/dvnij9 for free activities, printables and more.

Forever grateful, thank you!

All my best,
Elisavet Arkolaki

Made in the USA
Las Vegas, NV
02 December 2023

81997233R00021